LE

T. R. P. MOUTON

DU TIERS-ORDRE ENSEIGNANT

PARIS

IMPRIMERIE V. GOUPY ET JOURDAN

RUE DE RENNES, 71.

1888

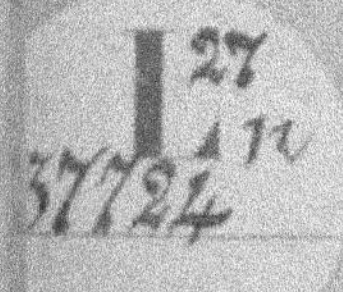

LE
T. R. P. MOUTON

DU TIERS-ORDRE ENSEIGNANT

PARIS

IMPRIMERIE V. GOUPY ET JOURDAN

RUE DE RENNES, 71.

1888

T. R. P. MOUTON

Le mardi, 6 mars, ont été célébrées à l'Ecole Saint-Thomas-d'Aquin, à Oullins, les funérailles du T. R. P. Mouton, ancien économe et Prieur de l'Ecole, premier assistant du Tiers-Ordre enseignant de Saint-Dominique. — Depuis les événements douloureux dont on se souvient, le Père avait consacré tous les instants de sa vie à assurer l'existence des Maisons du Tiers-Ordre enseignant contre les éventualités de l'avenir.

Déjà, par ses soins, les collèges d'Oullins et d'Arcachon avaient été organisés sur de nouvelles bases. Le Père se réjouissait d'assurer à l'école Albert-le-Grand les mêmes avantages. Dans ce but, il s'était rendu à Arcueil, il y a quelque temps, et c'est dans un de ses voyages à Paris, où l'appelaient les affaires de l'école, le mardi 28 février, dans la gare même d'Arcueil, qu'il fut soudainement frappé de paralysie. Ramené sans connaissance, il rendait son âme à Dieu, le jeudi suivant, 1er mars.

Après un premier service à Arcueil, son corps a été transporté à Oullins, dans ce collège où s'était écoulée sa vie d'écolier, de professeur et de religieux, et où il reposera dans la crypte, attendant la résurrection bienheureuse, à côté des PP. Lécuyer, Mermet, Baudrand et de ses autres frères.

Les vieux amis de l'école, qui étaient aussi les siens, bon nombre de ses condisciples et de ses anciens élèves, avaient tenu à lui donner un dernier témoignage d'attachement, et la chapelle était trop petite pour les contenir tous. C'est avec la plus vive émotion qu'ils ont écouté l'allocution pleine de cœur, dans laquelle M. l'abbé Davin, ancien élève d'Oullins, a retracé la vie du Père.

Qu'on nous permette de la reproduire, comme un éloquent et sincère hommage aux vertus de ce religieux si regretté.

Dans la douloureuse circonstance qui nous réunit, je me reprocherais ma présence dans cette chaire, si je n'y étais monté par obéissance et si je devais y être autre chose que l'interprète de vos sentiments d'affectueuse condoléance envers ce frère si aimé de nous tous et cette famille si cruellement éprouvée, sous les voûtes de cette chapelle où l'admiration ne le cède qu'à la reconnaissance.

Ici, dans ce collège où nous avons grandi ensemble, sous l'œil de maîtres devenus nos amis les plus sûrs, dans cet Oullins qui forme pour chacun de nous comme une seconde famille, nous avons appris à mettre en commun peines et joies, et aujourd'hui, en présence du Dieu qui console et fortifie, nous nous aiderons fraternellement à porter le poids de la grande épreuve qu'il a plu à la divine Providence de nous imposer.

Louer le Père Mouton ! Je ne le ferais pas si nous n'étions malheureusement réunis autour de son cercueil. Quel soin jaloux n'a-t-il pas pris de se dérober à toute louange ! Quelle vie plus volontairement effacée et cependant plus active que la sienne ! Il a été frappé le premier jour de ce mois de mars, que l'Eglise a consacré à célébrer la mémoire du Patriarche de Nazareth. — Or, Messieurs, dans l'office de ce saint qui caractérise la vie du travail humble et caché, on lit ces paroles du Livre des Proverbes : « *Vir fidelis multum laudabitur* : l'homme fidèle recevra de nombreux éloges. » La fidélité ! ne vous semblet-il pas que c'est le trait dominant de cette vie tout entière. Rappelons-le ensemble, Messieurs, et, pour mettre quelque ordre dans cette improvisation, disons que notre cher et bien-aimé défunt a été toute sa vie fidèle à Dieu et fidèle à notre chère école. Ce sera l'éloge que nous consacrerons à la mémoire du T. R. P. Fr. Bernard Mouton, élève, puis professeur et prieur de l'école Saint-Thomas-d'Aquin, prêtre et fondateur du Tiers-Ordre enseignant de Saint-Dominique.

Né au sein d'une famille aussi honorable que douée des biens de la fortune, Jean-Baptiste Mouton fut placé par ses parents dans ce collège, que le vénéré M. Dauphin venait d'ouvrir pour «faire, avec l'aide de Dieu, une génération neuve pénétrée de foi et de science (1). » Ses succès scolaires furent remarquables, sa vie entière nous dira quelle en a été la solidité et la durée ; son caractère se dessinait déjà nettement et on remarquait en lui cet esprit d'ordre, de méthode, cette régularité dont il ne s'est jamais départi. Mais, pour lui comme pour nous, l'heure sonna où il fallut faire choix d'une carrière ; il ne fut pas longtemps indécis. Dieu avait déjà fait à notre famille oullinoise l'honneur de prendre, parmi ses enfants, quelques-uns des élus du sacerdoce. J.-B. Mouton entendit l'appel de Dieu et y répondit aussitôt : « *Ecce ego quia vocasti me.* » Il ne regarda pas en arrière ; chez lui pas d'hésitation, Dieu a parlé, cela suffit. Et cependant, l'avenir s'ouvre devant lui avec des promesses et des séductions qui pourraient faire hésiter un cœur moins généreux. Ses parents ont un autre fils, il est vrai, mais dont la santé délicate semble ne donner que de bien faibles espérances.... Messieurs, nous sommes en famille et nous pouvons tout dire. Vous savez comment Dieu récompensa le sacrifice de J.-B. Mouton. Son père ne l'a pré-

(1) *Lettre de M. l'abbé Dauphin à M. l'abbé Chaine.* (*Vie de Mgr Dauphin,* par M. Beluze, page 51.)

cédé dans la tombe que de quelques mois et son frère, s'il ne sentait, en ce moment, nos cœurs battre à l'unisson du sien et lui faire comme un rempart contre la douleur et l'angoisse, il pourrait regretter de lui avoir survécu.

Lorsque Dieu veut une âme, il la veut tout entière ; quelque parfait que semble être le don que le nouveau séminariste a fait de lui-même, Dieu ne tarde pas à lui demander plus encore. Un jour, il apprend que deux de ses anciens maîtres et un de ses condisciples vont réaliser un rêve qu'il caresse depuis longtemps, celui d'assurer l'avenir de leur cher collège d'Oullins, « en demandant à la vie religieuse sa puissante unité, son esprit de sacrifice et son caractère de perpétuité. » Par une coïncidence providentielle, notre école d'Oullins avait été fondée sous le vocable de Saint-Thomas d'Aquin. « Pourquoi ce Dominicain illustre ne deviendrait-il pas le lien et l'harmonie de ces deux choses qu'il a aimées, l'œuvre d'Oullins qui lui est dédiée et la vie dominicaine dont il est la gloire (1). » « Cette idée nous est comme tombée du ciel, dit son vénéré maître,

____

(1) *Vie de Mgr Dauphin*, p. 198.

et nous nous y sommes attachés avec une joie confiante (1). »

Lui aussi s'y attache « avec une joie confiante, et, le 1ᵉʳ octobre 1852, il part pour Flavigny. Bientôt, le 24, il est revêtu du saint habit, et ici même, dans cette chapelle, le 15 août 1853, il prononce ses premiers vœux.

Ne croyons pas, Messieurs, que le P. Mouton, dans cette démarche, ait obéi à un entraînement irréfléchi. Il ne se dissimule pas la difficulté de la tâche dont il prend volontairement le fardeau, les rigueurs de sa nouvelle vie, les amertumes, les ingratitudes, les mécomptes dont sa carrière sera remplie : tout cela il l'a vu, il l'a pesé au poids du sanctuaire; ses lettres à M. l'abbé Dauphin le disent clairement. Malgré tout, il donne à son Dieu une parole qu'il ne lui reprendra jamais.

Il s'est engagé... mais dans quelle voie ? Quelles seront les règles de son Institut ? Quelle sera la forme sous laquelle il exercera son dévouement ? Quelles garanties a-t-il prises contre l'avenir ? Messieurs, le sacrifice est complet, la victime est amenée à l'autel un bandeau sur les yeux, les premiers membres du Tiers-Ordre de

(1) Le P. Captier : *de l'Éducation*.

Saint-Dominique doivent en être les fondateurs.
A eux d'en discuter, d'en établir, d'en sanction-
ner les règles, à eux d'éprouver sur eux-mêmes
ce qu'ils demanderont un jour aux autres, à eux
de tracer la route et d'en aplanir les aspérités.
Le P. Lacordaire, en leur donnant l'habit de
l'Ordre illustre dont il a été en France le restau-
rateur providentiel, leur a indiqué en quelques
mots le programme qu'ils auront à remplir :
« L'obéissance, l'humilité et la force de caractère
sont les vertus les plus nécessaires pour fonder (1).»
« On ne fait rien sans la foi. Les fondateurs se re-
connaissent à leur intrépidité devant l'avenir (2).»

L'œuvre qu'ils sont appelés à établir est une
restauration plus encore qu'une nouveauté. Lais-
sons la parole au F. Bernard Mouton : «Saint Dominique a eu pour but de répandre la vérité par la
double voie de la prédication et de l'enseignement. Les Dominicains n'ont cessé pendant plu-
sieurs siècles de prêcher dans les églises et d'en-
seigner dans les Universités, où des milliers de
jeunes gens de tous les pays venaient librement
s'asseoir au pied des chaires des plus illustres

(1) *Vie de Mgr Dauphin*, pages 202-203.
(2) *Ibid.*

maitres. Mais, à partir du seizième siècle, les Universités étant devenues des foyers d'erreurs, l'enseignement catholique fut contraint de se réfugier dans les écoles particulières ou collèges. L'Ordre de Saint-Dominique continua d'être un Ordre prêcheur par ses missions, un Ordre théologien par ses écrits, mais il cessa d'être un Ordre professeur. Ce qu'il n'a pas fait au seizième siècle, Dieu lui permet de le faire au dix-neuvième (1). » Le Tiers-Ordre régulier voué à l'enseignement reprendra les traditions anciennes et la jeunesse retrouvera sous l'habit de saint Dominique les maîtres chrétiens dont elle a si grand besoin et auxquels une loi récente vient de rendre leurs droits.

Messieurs, le P. Lacordaire, en fondant le Tiers-Ordre enseignant, avait eu sur l'avenir de notre pays des vues dont les événements n'ont que trop confirmé la justesse. Il avait prévu que la lutte s'engagerait sur le terrain de l'éducation et que tous les Hérodes, grands ou petits, qui se transmettraient le triste rôle de persécuteurs de l'Eglise de Dieu, s'en prendraient avec la même rage et la même astuce à l'âme des enfants :

(1) *Vie de Mgr Dauphin*, pages 202-203.

« *Quœrunt animan pueri !* » Ah! Messieurs, la
Providence nous a ménagé, au milieu de ces
combats, plus d'une compensation et plus d'une
surprise, et je l'en remerciais en votre nom lorsque tantôt, dans ce cortège funèbre, je voyais,
portant les glands du drap qui recouvrait cette
bière, à côté des anciens maîtres du P. Mouton (1), un frère-prêcheur (2) qui continue, dans
nos Universités libres, rajeunies, les glorieuses
traditions des Albert le Grand et des Thomas
d'Aquin.

Le P. Mouton est prêtre, et le sacerdoce qu'il
a reçu ne fait que développer en lui les vertus
dont il a déjà établi en son âme les fondements
solides. Il a un modèle qu'il s'efforcera d'imiter
pendant tout le reste de son existence, le divin
Crucifié dont le prêtre doit plus que tout autre
reproduire les traits : « *Sacerdos alter Chris-
tus!* » Oh! quelle félicité dans cette étude, quelle
ressemblance dans cette copie ! Mais parmi tous
les enseignements du divin Maître, il en est un
que le Père semble avoir pris à tâche de mettre
plus spécialement en pratique, le plus difficile,

(1) MM. les abbés Lacuriat et Caton.
(2) Le R. P. Belon, professeur de Théologie à la Faculté
catholique de Lyon.

Messieurs, mais aussi celui qui approche de plus
près la perfection, je veux dire l'anéantissement :
« *Exinanivit semetipsum.* » Il s'est anéanti ; et
quelques sacrifices que Dieu lui ait demandés —
ils ont été nombreux et certains ont été héroï-
ques, — Dieu seul a été le témoin de ses luttes et
le confident de ses douleurs. Oui, Messieurs, le
P. Mouton a eu le courage que la grâce divine
peut seule inspirer et que seule aussi elle peut
soutenir. Doué d'un tempérament vif et ardent,
d'une sensibilité exquise, d'une activité éton-
nante, d'un esprit pénétrant et cultivé, porté par
goût à l'étude des questions les plus ardues de la
théologie et de la philosophie, comme des problè-
mes sociaux les plus difficiles, pendant quelque
temps professeur attrayant autant que méthodi-
que, sans renoncer, dans ce commerce avec les
choses de l'esprit et du cœur, à ce qui maintient
le prêtre dans sa véritable atmosphère, le Père,
pendant presque toute sa vie, accepta, par obéissance, les fonctions d'économe et vous savez avec
quelle perfection il en a rempli tous les devoirs.
Je n'exagère rien en disant qu'il s'y est sacrifié.
Jaloux plus que jamais d'un temps dont l'emploi
était consacré au service d'une communauté nom-
breuse, le jour ne suffisait pas à l'accomplisse-

ment de sa tâche, nous nous en souvenons tous, la nuit, quand tout reposait autour de lui, on voyait longtemps encore briller auprès de sa fenêtre la lampe dont les reflets éclairaient ses yeux fatigués. A l'exemple du Père des fidèles qui ne prend d'autre titre que celui de Serviteur des serviteurs de Dieu, il se donnait et se donnait encore, et plus l'âge avançait, et plus les infirmités se faisaient sentir et plus il y avait dans cette âme de sublimes excursions vers le dévouement et l'abnégation : « *Inpendam et superimpendar ipse.* » Comme l'Apôtre saint Jean, que les fondateurs de notre école ont choisi pour patron après saint Thomas d'Aquin, la charité était sa devise. Le Père justifiait de plus en plus l'épithète dont notre reconnaissance se plaisait à accompagner son nom. Nous l'appelions: « le bon Père Mouton, » et vous savez si jamais titre fut mieux mérité. Le dévouement formait en lui comme une seconde nature, il ne perdait pas une occasion de le pratiquer, et malgré cela il s'ignorait lui-même au point que dans les dernières années de sa vie, ses intimes lui entendaient dire : Que je voudrais donc avant de mourir pouvoir rendre quelques services !

Des services!... Oh! Père, qu'avez-vous fait

autre chose pendant toute votre vie que d'en rendre à votre collège bien-aimé. Vous vous étiez identifié à lui. C'était là votre passion, après Dieu, c'était ce qui vous tenait le plus au cœur. Ici, vous avez été formé à la vie chrétienne ; ici, vous aviez fait vos vœux de religion ; ici, vous aviez enseigné ; ici, vous aviez travaillé et vous aviez souffert. Vous aimiez ces murailles, mais vous aimiez plus encore nos âmes, et malgré des travaux accablants, vous trouviez le temps de passer au confessionnal de longues heures, et dans cette chapelle de diriger le chant et les cérémonies religieuses.

Messieurs, ce dévouement du Père a duré trente-cinq ans. Pendant une période de six années, de 1868 à 1874, la confiance de ses frères fit violence à son humilité, leurs suffrages l'obligèrent à prendre dans l'École cette première place dont il se croyait indigne. Dieu l'attendait là : s'il permit que son serviteur fût exalté et reçût le témoignage authentique de l'estime dont ses frères honoraient sa vertu, ce ne fut que pour mieux l'accabler sous le poids de sa croix et pour augmenter encore, avec ses souffrances et ses mérites, sa ressemblance avec la Victime du Calvaire.

Dans le vestibule d'honneur de notre école, sur

deux plaques de marbre noir, on lit, gravés en lettres d'or, les noms de quatorze de nos condisciples qui sont morts pour la Patrie pendant la dernière guerre. Le P. Mouton les avait connus, il avait béni leur courage, il avait pleuré sur leur mort glorieuse, il en était saintement fier. Oullins avait payé à la Patrie le tribut du sang : comme tout ce qui est grand et noble, le patriotisme vient de Dieu ; à Oullins, on n'a jamais séparé ces deux cultes, qui n'en font qu'un.

Cependant, quelque cruel que fut, pour le Prieur d'Oullins, l'holocauste dont la justice de Dieu lui demandait l'offrande, il n'était pas complet encore et d'autres déchirements étaient réservés à ce cœur si aimant et si sensible. Messieurs, le livre d'or de nos gloires et de nos sacrifices n'est pas terminé, et en face de ces tables de marbre où sont inscrits les noms de ceux d'entre nous qui sont morts pour la Patrie, le jour viendra, je l'espère, où nous pourrons lire les noms de ceux qui sont morts... pour le Bon Dieu !

Pour le Bon Dieu ! tel était le cri suprême du Père Captier, entraînant au martyre ses compagnons de captivité, et parmi eux les PP. Delhorme et Cotrault, anciens professeurs de cette école. Résumé fidèle de ces existences toutes de dévouement et d'apostolat. Pour le Bon Dieu! telle était la devise de ce condisciple au visage souriant et bon, à l'âme forte et énergique, Laurent Trévoux qui, noblement épris de la passion des âmes, est allé mourir aux Missions Etrangères, victime de sa foi et de sa charité.

Mais à ces deuils viennent s'ajouter des préoccupations et des angoisses d'un autre genre. Oullins a ouvert ses portes et donné ses salles aux débris mutilés de nos vaillantes armées. L'école est devenue une ambulance. Ce n'est point assez et un jour des hordes sauvages, profitant de la désorganisation générale, se ruent sur ses portes pour la mettre au pillage. Le Père accourt, et je le vois à la grille essayant de parlementer avec ces barbares, les adoucissant peu à peu par des générosités, calmant leur faim autant que leur haine, les désarmant par sa présence d'esprit et sa fermeté, et ne leur cachant pas que s'ils parviennent à enfoncer ces grilles, ils auront à passer sur son corps, pour arriver à cette école dont il a été l'élève et dont il est aujourd'hui le gardien.

Vous savez, Messieurs, comment cette énergie fut récompensée, et comment le secours vint à

temps pour épargner aux assiégés de nouveaux
malheurs. Vous savez aussi quel soin, quelle
étude, quelle abnégation, le Père, rendu à ses
fonctions premières, apporta à la constitution de
la Société civile de l'école d'Oullins destinée à
sauvegarder les intérêts matériels, aujourd'hui
pleinement florissants, grâce à l'habile direction
des maitres et au dévouement spontané des anciens élèves. Je le sais, le P. Mouton, toujours
possédé de cette passion de rendre service, a
prêté le concours de ses lumières aux autres
écoles du Tiers-Ordre enseignant de Saint-Dominique. Mais, laissez-moi vous le dire, dans sa
pensée, c'était toujours Oullins qu'il servait. Oullins ! il le retrouvait à Sorèze auprès du tombeau
du P. Lacordaire ; il le retrouvait à Arcachon,
l'œuvre hardie du P. Baudrand, dont la dépouille
mortelle attend la sienne dans ce caveau ; il le
retrouvait à Arcueil, près des reliques et de la
statue du P. Captier, son condisciple et son frère
en religion, dans l'intimité de ce grand cœur auquel Oullins, qui ne l'a cédé qu'à regret, conserve
son estime la plus profonde et sa reconnaissance
la plus sincère. Et c'est là que la mort est venue
le frapper. Elle ne l'a pas surpris, quoique ses
coups aient été foudroyants, le Père était prêt :

serviteur bon et fidèle, le talent que le Maitre lui avait confié n'était pas resté improductif dans ses mains, il avait droit aux promesses éternelles. « *Intra in gaudium Domini tui.* » Soldat intrépide et infatigable, il est tombé au champ d'honneur du travail et de l'abnégation, les armes à la main, portant jusqu'à l'héroïsme la pratique de la charité : « *Majorem hac dilectionem nemo habet, ut animam suam ponat pro amicis suis.* » Il est mort au service de ses frères. Arcueil nous a rendu sa dépouille, elle va reposer sous les dalles de cette chapelle, et par une de ces attentions dont le cœur de Dieu a le secret, elle descend dans ce caveau à la veille de la fête du docteur Angélique, choisi par M. Dauphin pour être le patron de cette école.

Au jour de sa prise d'habit, le 24 octobre 1852, Jean-Baptiste Mouton, devenu frère Bernard, rendait compte à M. Dauphin, dans une lettre que M. Beluze nous a conservée, des émotions de ce jour mémorable. « Le P. Lacordaire, écrivait-il, après avoir dit dans quelles heureuses conditions s'est établi le Tiers-Ordre, nous a montré le modèle de l'éducation chrétienne dans l'archange Raphaël dont nous faisions la fête. Comme lui, nous recevons le jeune homme à sa première sortie de la maison paternelle, comme lui nous saurons le préserver de ce féroce poisson qui est le monstre de l'impiété. Enfin, nous rendons à ce vieux père, souvent perdu dans les ténèbres de l'irréligion, un fils qui lui ouvrira les yeux à la lumière. Nous devrons traverser les choses humaines, semblables à l'ange qui paraissait manger avec les hommes, mais qui ne vivait pourtant que d'une nourriture et d'un breuvage célestes. Enfin, quand nous aurons longtemps fait le bien, l'heure viendra où nous devrons monter à notre tour vers Celui dont nous tenons notre mission et dire aussi : « *Ego sum Raphaël, unus ex septem, tempus est ut revertar ad eum qui me misit.* »

Le P. Mouton est le septième (1) des Pères du Tiers-Ordre que la mort a frappés après une vie consacrée à notre Ecole. Puissent nos prières hâter pour lui l'heure de la récompense, si elle n'a déjà sonné : la reconnaissance et la justice nous en font un devoir.

Puisse-t-il dans l'éternité, auprès de Celui qui

(1) Les RR. PP. Captier, Delhorme, Cotrault, massacrés à Paris le 25 mai 1871 ; le P. Mermet, 30 décembre 1882 le P. Lécuyer, le 20 janvier 1883 ; le P. Baudrand, le 20 février 1883.

l'a envoyé pour être l'ange gardien de nos âmes et la Providence d'Oullins, trouver le repos auquel il a acquis des droits là haut en se le refusant impitoyablement ici-bas.

Mes Révérends Pères, laissez-nous vous dire toute la part que nous prenons à votre deuil. Sans doute, l'épreuve est grande et l'étendue de la perte que vous avez faite ne peut se mesurer qu'à celle des mérites du Père qui vous a été enlevé ; mais la présence à cette cérémonie de vos anciens élèves, si nombreux que les murs de cette chapelle n'en peuvent contenir la foule, ne vous dit-elle pas que nous sommes avec vous pour partager vos épreuves, comme nous le sommes pour applaudir à vos succès? Aux yeux de la foi, cette mort n'est-elle pas un gain pour vous : « *Mori lucrum ?* »

Il y a deux mois, en un jour dont l'histoire n'a pas vu le pareil, dans Saint-Pierre de Rome, le Souverain-Pontife étendait ses bras pour bénir les quarante mille âmes qui se pressaient sous les voûtes de la basilique et l'univers entier qui s'inclinait devant lui dans les tressaillements de la fidélité et de l'amour. Debout sur la pierre du sépulcre où reposent les restes du pêcheur de Galilée qui de Jérusalem vint à Rome, il y a dix-

huit cents ans, renverser la puissance des Césars
par la puissance de la Croix, il rappelait au
monde que Dieu n'édifie que sur des tombes, et
que la mort est la condition de la vie. Ne faut-il
pas que le grain de froment soit jeté en terre pour
y puiser dans la mort son admirable fécondité ?
Le Seigneur ne vous a pas ménagé les coups, il
ne sera pas avare envers vous de ses bénédictions.

Messieurs et chers condisciples, que les émotions de cette journée ne soient point stériles,
mais qu'elles nous rendent meilleurs. Gardons
le souvenir du Père que nous pleurons. Comme
lui, soyons fidèles à nos convictions, comme
lui, soyons dévoués aux grandes et saintes choses, intrépides dans le travail, énergiques et
persévérants dans l'action. Aimons, comme lui,
à faire le bien sans bruit, sans ostentation, sans
emphase, mais aussi sans lâcheté, sans défail-
lance. C'est au fruit qu'on juge de l'arbre ; fai-
sons honorer la mémoire de nos maîtres en met-
tant de plus en plus en pratique leurs leçons et
leurs exemples.

Mon Dieu, le P. Lacordaire, à Notre-Dame,
vous adressait cette prière pour la France de nos
jours : « Des saints, mon Dieu, donnez-nous des
saints ! » Le Père a été exaucé ; mais, Seigneur,

n'est-ce pas quand les saints retournent vers vous que nous avons plus besoin de vous demander de les remplacer ? Oui, Seigneur, donnez-nous des saints pour élever la jeunesse, des saints pour la former à la vertu et à la piété, des saints pour lui apprendre à vous connaître, à vous servir, à vous aimer. Dans cette chère famille d'Oullins, où il n'y a qu'un cœur et qu'une âme, faites, ô mon Dieu, qu'il n'y ait jamais qu'une même croyance, qu'un même amour, qu'une même fidélité envers vous, afin que là-haut il n'y ait pour les maîtres et pour les élèves qu'une même récompense. *Amen.*

PARIS. — IMP. V. GOUPY ET JOURDAN, RUE DE RENNES, 71

78